AUTOBAHN · RADIO-AKTIVITÄT · TRANS EUROPA EXPRESS

AUTOBAHN
6

KOMETENMELODIE 1
14

KOMETENMELODIE 2
17

RADIO-AKTIVITÄT
24

ÄTHERWELLEN
32

ANTENNE
40

OHM SWEET OHM
46

TRANS EUROPA EXPRESS
54

METALL AUF METALL
59

SCHAUFENSTERPUPPEN
62

SPIEGELSAAL
70

EUROPA ENDLOS
76

AUTOBAHN

MUSIK: RALF HÜTTER, FLORIAN SCHNEIDER
WORTE: RALF HÜTTER, FLORIAN SCHNEIDER, EMIL SCHULT

© 1974

(vocals:1.x tacet)

Wir fahr'n fahr'n fahr'n auf der Au-to-bahn. Wir fahr'n fahr'n fahr'n auf der Au-to-bahn.

fahr'n fahr'n fahr'n auf der Au-to-bahn. Wir fahr'n fahr'n fahr'n auf der Au-to-bahn.
Vor uns liegt ein wei-tes Tal,___ die Son-ne scheint mit Glit-zer-strahl.

7

Jetzt schal - ten wir__ das Ra - dio an.

Aus dem Laut - spre - cher klingt es dann: Wir

(repeat ad lib.)

fahr'n fahr'n fahr'n auf der Au - to - bahn. Wir fahr'n fahr'n fahr'n auf der Au - to - bahn. (Wir)

Fahr'n auf der Au - to - bahn.

Fahr'n auf der Au - to - bahn.

KOMETENMELODIE 1

MUSIK: RALF HÜTTER, FLORIAN SCHNEIDER

© 1974

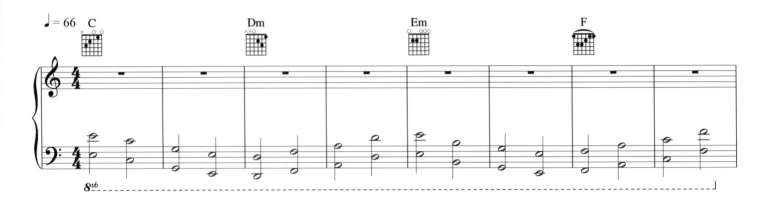

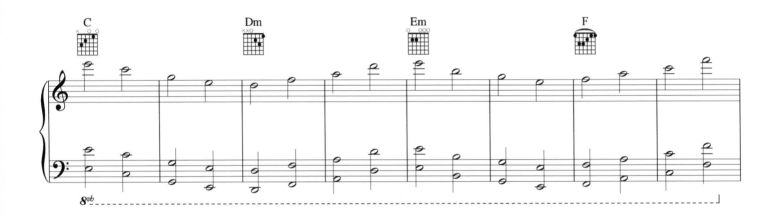

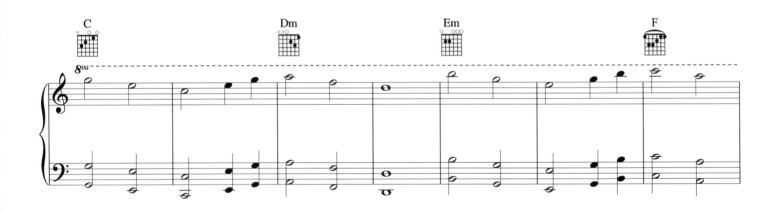

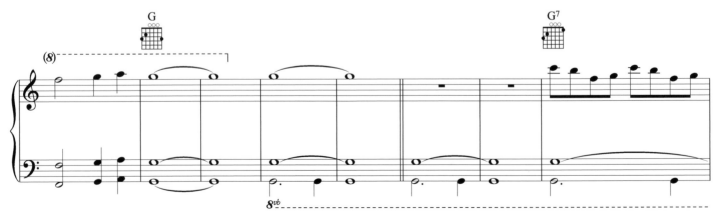

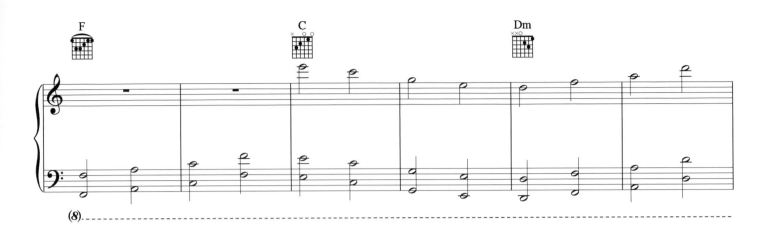

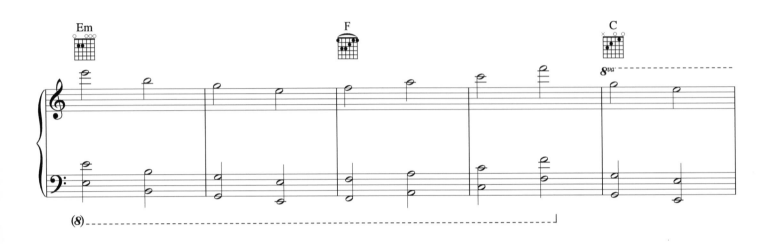

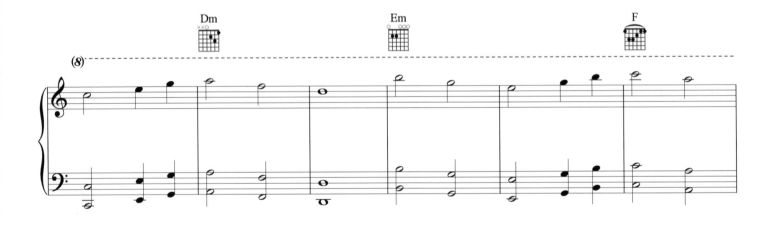

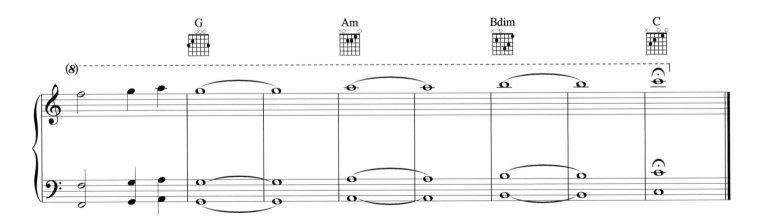

KOMETENMELODIE 2

MUSIK: RALF HÜTTER, FLORIAN SCHNEIDER

© 1974

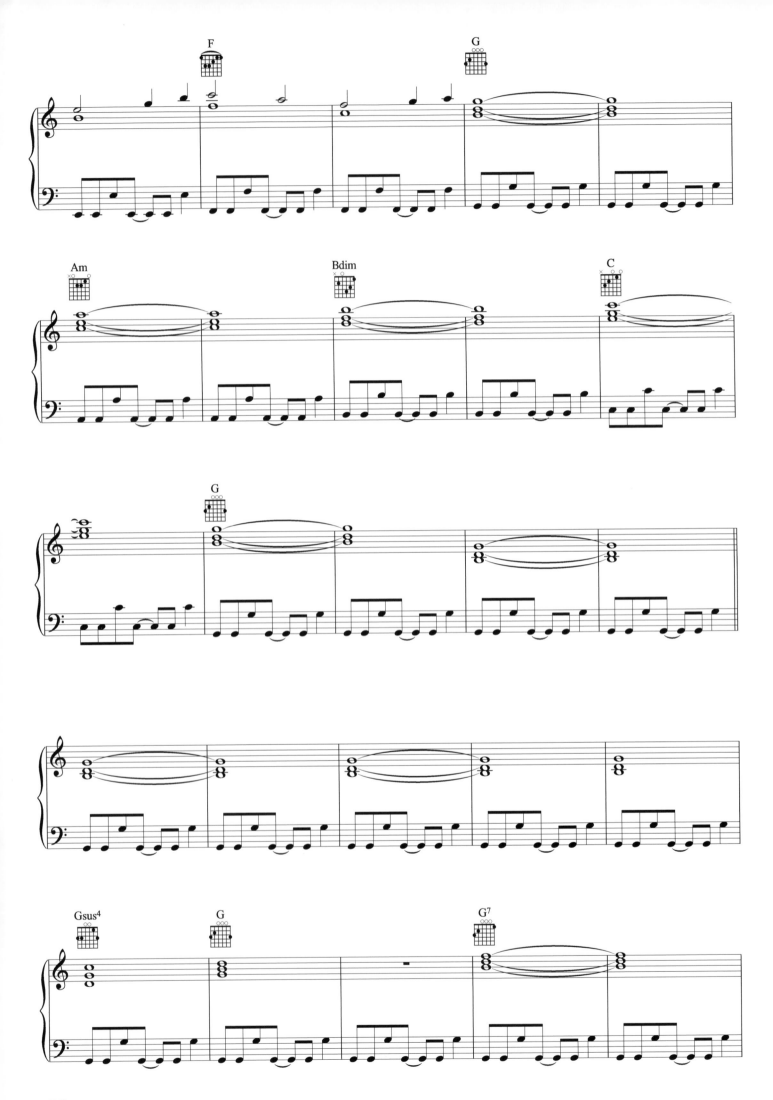

RADIO-AKTIVITÄT
RADIO-ACTIVITY

MUSIK: RALF HÜTTER, FLORIAN SCHNEIDER
WORTE: RALF HÜTTER, FLORIAN SCHNEIDER, EMIL SCHULT

© 1975

-ti - vi - ty.___   Is in the air___ for you and me.___
-ti - vi - tät.___   Für dich und mich im All ent - steht.

Is in the air___ for you and me.___
Für dich und mich im All ent - steht.

26

Dis - co - vered by Ma - dame Cu - rie.

Ra - di - o - ac - ti - vi - ty.

Tune in - to the me - lo - dy.

Ra - di - o - ac - ti - vi - ty.

28

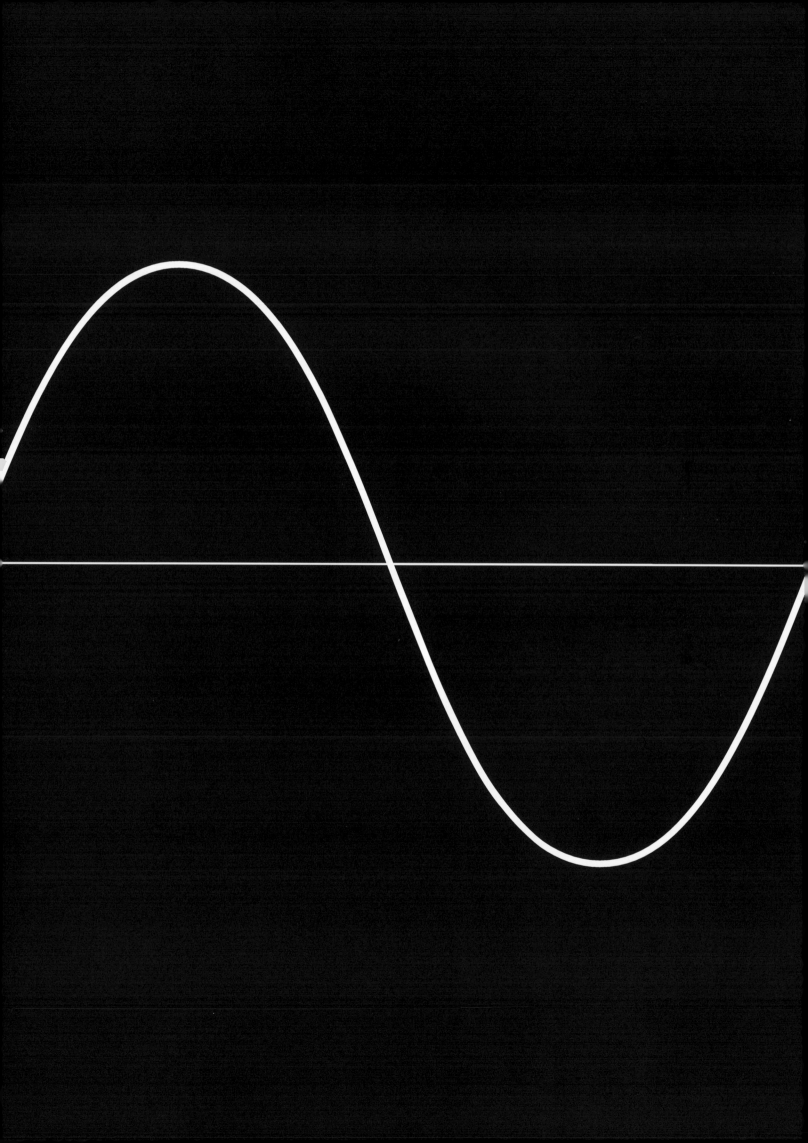

ÄTHERWELLEN
AIRWAVES

MUSIK: RALF HÜTTER, FLORIAN SCHNEIDER
WORTE: RALF HÜTTER, FLORIAN SCHNEIDER, EMIL SCHULT

© 1975

Wenn Wel - len schwin - gen, fer - ne Stim - men sin - gen.

Wenn Wel - len schwin - gen, fer - ne Stim - men sin - gen.

sin - gen.

When

air - waves swing   dis - tant voi - ces sing.   sing.

Wenn Wel - len schwin - gen,

fer - ne Stim - men sin - gen.   sin - gen.

air - waves swing dis - tant voi - ces sing. sing.

ANTENNE

ANTENNA

MUSIK: RALF HÜTTER, FLORIAN SCHNEIDER
WORTE: RALF HÜTTER, FLORIAN SCHNEIDER, EMIL SCHULT

© 1975

Lyrics (voice line): I'm the trans-mit-ter, I give in-for-ma-tion. You're the an-ten-na catch-ing vi-bra-tion.

strah-len die Sen-der Bild, Ton und Wort e - lek - tro - mag - ne - tisch an je - den Ort.

I'm the trans - mit - ter, I give in - for - ma - tion. You're the an - ten - na catch - ing vi - bra - tion.

Wir

45

OHM SWEET OHM

MUSIK: RALF HÜTTER, FLORIAN SCHNEIDER

© 1975

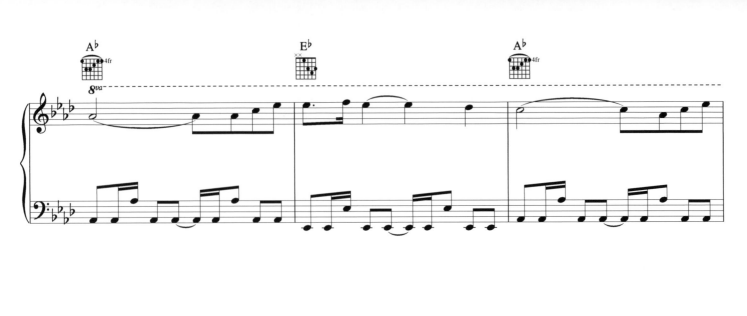

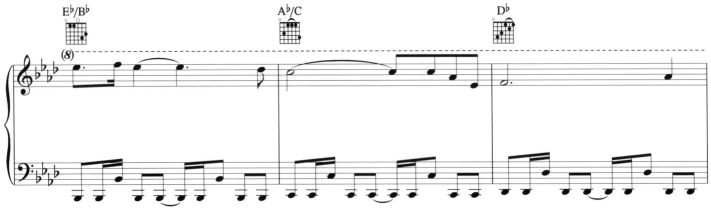

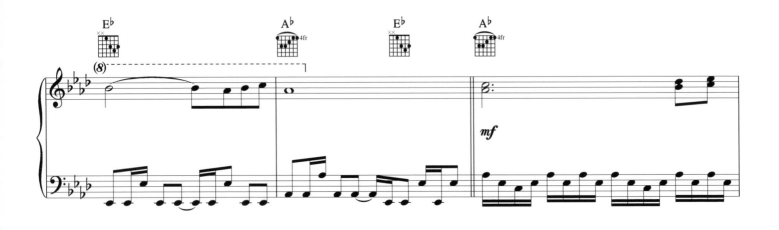

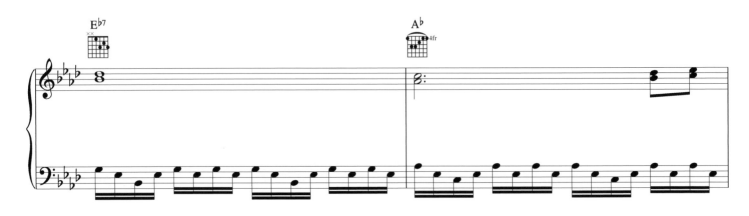

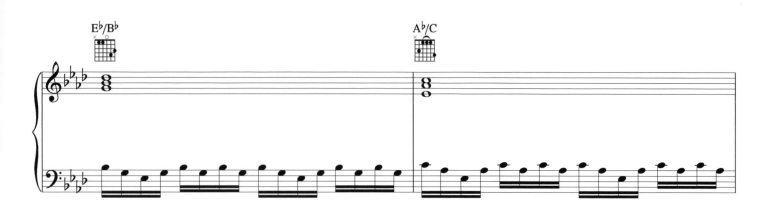

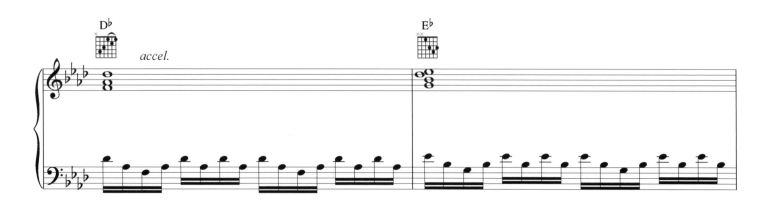

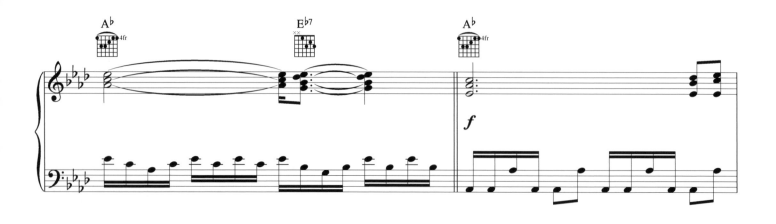

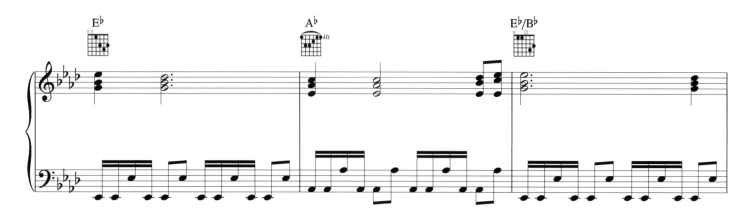

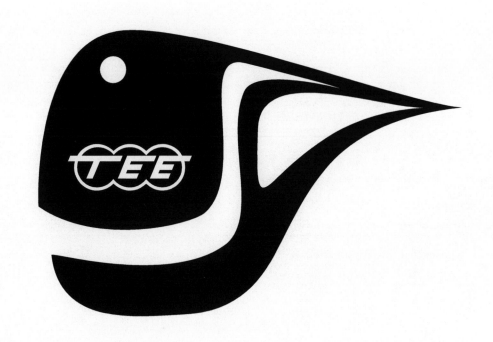

TRANS EUROPA EXPRESS

TRANS EUROPE EXPRESS

MUSIK: RALF HÜTTER
WORTE: RALF HÜTTER, EMIL SCHULT

© 1977

Trans Eu - ro - pa Ex - press. Trans Eu - ro - pa Ex - press.
Trans Eu - rope Ex - press. Trans Eu - rope Ex - press.

Cm

Ebm   Ebm

In Wien sit - zen wir im
In Vien - na we sit in a

Cm

Nacht - ca - fé.   Di - rekt - ver - bin - dung   T. E.___ E.   Trans Eu - ro - pa Ex -
late night ca - fé.   Straight con - nec - tion,   T. E.___ E.   Trans Eu - rope Ex -

METALL AUF METALL

METAL ON METAL

MUSIK: RALF HÜTTER

© 1977

♩ = 108

SCHAUFENSTERPUPPEN

SHOWROOM DUMMIES / LES MANNEQUINS

MUSIK + WORTE: RALF HÜTTER

© 1977

Eins, zwei, drei, vier.

Wir
Nous

stehn hier rum____ und stel-len uns aus. Wir sind____
We're stand-ing here ex-pos-ing our-selves. We are____
sommes im-mo-biles dans la vi-trine. Nous sommes les

Schau - fens - ter - pup - pen.
show - room dum - mies.
man - ne - quins.

Wir ge - hen in den Klub.
We go in - to a club
Nous ren - trons dans un club

Und wir fan - gen an zu tan - zen.
and there we start___ to dance.
et com - men - çons___ a dan - ser.

Wir sind
We are
Nous sommes les

Schau - fens - ter - pup - pen.
show - room dum - mies.
man - ne - quins.

Wir sind
We are
Nous sommes les

Schau - fens - ter - pup - pen.
show - room dum - mies.
man - ne - quins.

Wir sind
We are
Nous sommes les

Schau - fens - ter - pup - pen.
show - room dum - mies.
man - ne - quins.

Wir sind Schau - fens - ter - pup - pen.
We are show - room dum - mies.
Nous sommes les man - ne - quins.

Wir sind
We are
Nous sommes les

(2.x tacet)

(repeat ad lib.)

SPIEGELSAAL
THE HALL OF MIRRORS

MUSIK: RALF HÜTTER
WORTE: RALF HÜTTER, FLORIAN SCHNEIDER, EMIL SCHULT

© 1977

Der junge Mann betrat eines Tages den Spiegelsaal und entdeckte eine Spiegelung seines Selbst.
The young man stepped into the hall of mirrorswhere he discovered a reflection of himself.

So -

-gar die größ - ten Stars ent - de - cken sich selbst im Spie - gel - glas.__ So
E - ven the grea - test stars dis - co - ver them - selves in the look - ing glass.__

(2.x tacet)

Manchmal sah er sein wirkliches Gesicht und manchmal einen Fremden, den kannte er nicht.
Sometimes he saw his real face and sometimes a stranger at his place.

So -

-gar die größ - ten Stars fin - den ihr Ge - sicht im Spie - gel - glas.__ So
E - ven the grea - test stars find their face__ in the look - ing glass.__

(2.x tacet)

71

Manchmal verliebte er sich in sein Spiegelbild und dann wiederum sah er ein Zerrbild.
He fell in love with the image of himself and suddenly the picture was distorted.

So -

-gar   die größ - ten   Stars   mö - gen sich___ nicht   im Spie - gel - glas.___ So
E - ven the grea - test   stars   dis - like them - selves   in the look - ing glass.___

(2.x tacet)

Er schuf die Person die er sein wollte und wechselte in eine neue Persönlichkeit.
He made up the person he wanted to be and changed into a new personality.

So -

72

gar die größ - ten Stars ver - än - dern sich___ im Spie - gel - glas.___ So

E - ven the grea - test stars change them - selves___ in the look - ing glass.___

(2.x tacet)

73

Der Künstler lebt im Spiegel mit dem Echo seines Selbst.
The artist is living in the mirror with the echoes of himself.

-gar   die größ - ten   Stars   le - ben ihr   Le - ben__ im Spie-gel - glas.__ So
E - ven the grea - test   stars   live   their   lives__ in the look - ing   glass.__ So

(2.x tacet)

(1.x tacet)

EUROPA ENDLOS
EUROPE ENDLESS

MUSIK: RALF HÜTTER
WORTE: RALF HÜTTER, FLORIAN SCHNEIDER

© 1977

Das Le - ben ist zeit - los.
Life is time - less.

Das

(2.x tacet)

Eu - ro - pa end - los.
Eu - rope end - less.

(1.x tacet)

78

Eu - ro - pa   end - los.
Eu - rope   end - less.

Parks, Pa - läs - te und Ho - tels.__
Parks, ho - tels and pa - la - ces.__

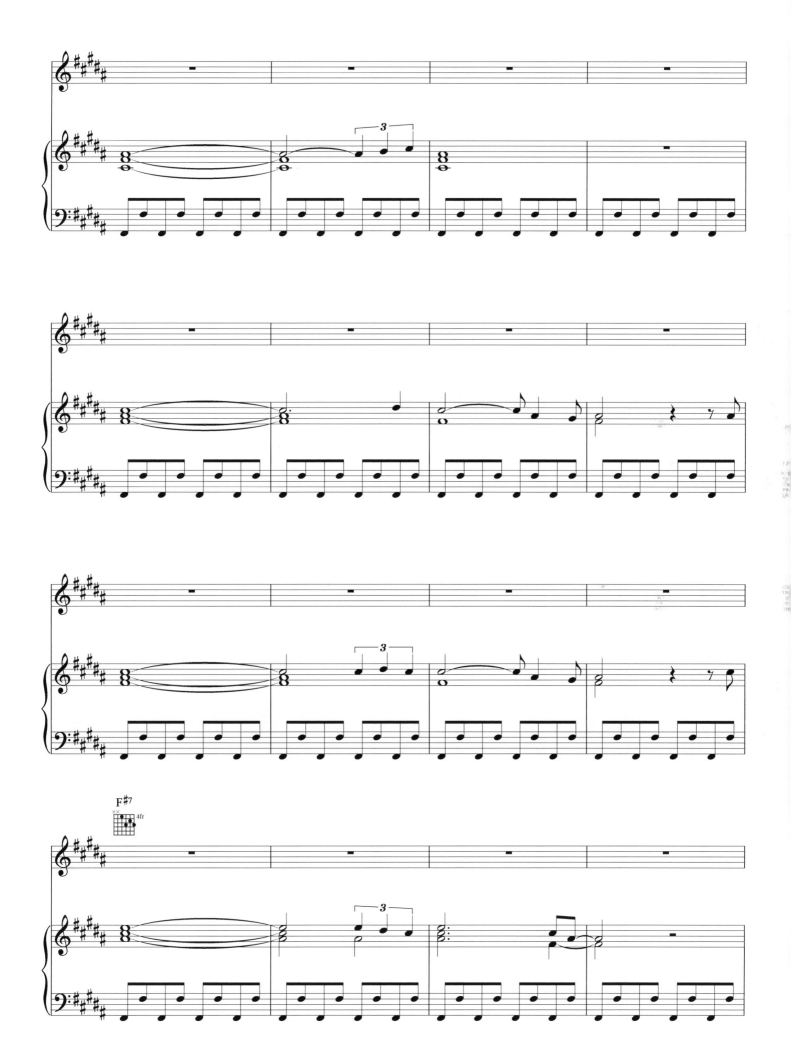

Flüs - se, Ber - ge, Wäl - der.
Pro - me - nades and a - venues.

Wirk - lich - keit__ und Post - kar - ten Bil - der.
Real life__ and post - card views.__

Eu -

(1.x tacet)

ro - pa   end - los.
Eu - rope   end - less.

-ro - pa   end - los.
Eu - rope   end - less.

E - le - ganz   und De - ka - denz.
E - le - gance   and de - ca - dence.

THE MUSIC SALES GROUP

ARRANGEMENTS/TRANSCRIPTIONS: FRANK SPEER/ERIC BABAK
LAYOUT: JOHANN ZAMBRYSKI

KLING KLANG MUSIK
SONY/ATV MUSIC PUBLISHING

WWW.KRAFTWERK.COM

BOE7429 / ISBN 978-3-86543-304-6
PRINTED IN THE EU

WWW.MUSICSALES.COM